Gerichte aus einem Topf

p

Suppe nach Gärtnerinnenart

Für 6 Personen

40 g Butter

1 Zwiebel, gewürfelt

1–2 Knoblauchzehen, zerdrückt

1 große Porreestange

225 g Rosenkohl

125 g grüne Bohnen

1,2 l Gemüsebrühe

125 g grüne Erbsen

Salz und Pfeffer

1 EL Zitronensaft

½ TL gemahlener Koriander

4 EL Crème double

4–6 Scheiben Weißbrot, zum Servieren

1 Butter in einem Topf bei geringer Hitze zerlassen. Zwiebel und Knoblauch darin 2–3 Minuten weich dünsten, aber nicht bräunen.

2 Weißes Ende der Porreestange in feine Ringe schneiden, dann beiseite stellen. Restlichen Porree in Ringe, Rosenkohl in Scheiben, Bohnen in feine Scheiben schneiden.

3 Porree, Rosenkohl und Bohnen in den Topf geben. Gemüsebrühe zugießen, aufkochen, dann bei schwacher Hitze 10 Minuten köcheln.

4 Erbsen zugeben, mit Salz und Pfeffer abschmecken. Zitronensaft und Koriander unterrühren. Weitere 10–15 Minuten köcheln, bis alle Gemüsesorten weich sind.

5 Suppe leicht abkühlen lassen, dann in der Küchenmaschine pürieren oder mit einem Löffel durch ein Sieb streichen. In einen sauberen Topf geben.

6 Die weißen Porreeringe zugeben, aufkochen und ca. 5 Minuten köcheln, bis der Porree weich ist. Erneut abschmecken, Crème double unterziehen und erwärmen.

7 Brotscheiben auf der obersten Backofenschiene von beiden Seiten anrösten. Horizontal halbieren und von der ungerösteten Seite anrösten, bis sich die Ränder hochbiegen. Zur Suppe reichen.

Kichererbsensuppe

Für 4 Personen

2 EL Olivenöl

2 Porreestangen, in dünne Ringe geschnitten

2 Zucchini, gewürfelt

2 Knoblauchzehen, zerdrückt

800 g Tomaten aus der Dose, gehackt

1 EL Tomatenmark

1 Lorbeerblatt

850 ml Gemüsebrühe

400 g Kichererbsen aus der Dose, abgetropft

250 g Blattspinat

Salz und Pfeffer

30 g frisch geriebener Parmesan

knuspriges Brot, zum Servieren

1 Das Öl in einer Pfanne erhitzen. Porree und Zucchini zufügen und bei mittlerer Hitze 5 Minuten unter ständigem Rühren andünsten.

2 Knoblauch, Tomaten, Tomatenmark, Lorbeerblatt, Gemüsebrühe und Kichererbsen zugeben.

3 Aufkochen, die Hitze reduzieren und 5 Minuten köcheln lassen.

4 Den Spinat säubern und fein zerkleinern, dann in die Suppe geben und 2 Minuten kochen. Mit Salz und Pfeffer abschmecken.

5 Lorbeerblatt entfernen. Die Suppe auf Teller verteilen, mit Parmesan bestreuen und mit Brot servieren.

TIPP

Kichererbsen werden in der nordafrikanischen Küche verwendet, sind aber auch in Italien, Spanien und Indien beliebt. Man erhält sie getrocknet oder vorgekocht in der Dose.

Hühner-Nudelsuppe

Für 6 Personen

350 g Hähnchenbrustfilet

2 EL Maiskeimöl

1 Zwiebel, gewürfelt

250 g Karotten, gewürfelt

250 g Blumenkohlröschen

850 ml Hühnerbrühe

2 TL gemischte getrocknete Kräuter

125 g Nudeln (z. B. Fusilli)

Salz und Pfeffer

Parmesan (nach Belieben) und

    knuspriges Brot, zum Servieren

VARIATION

Sie können die Blumenkohlröschen durch Brokkoliröschen
ersetzen. Nehmen Sie dann statt
der gemischten getrockneten
Kräuter 2 Teelöffel fein gehackte
frische Kräuter.

1 Die Hähnchenbrustfilets enthäuten und in kleine Würfel
schneiden.

2 Das Öl in einer gusseisernen
Pfanne erhitzen und das Hähn-
chenfleisch sowie das Gemüse darin
kräftig anbraten.

3 Brühe und Kräuter einrühren.
Aufkochen und die Nudeln
zugeben. Erneut zum Kochen bringen,
abdecken und 10 Minuten köcheln
lassen.

4 Mit Salz und Pfeffer abschmecken,
nach Belieben mit Parmesan
bestreuen und mit Brot servieren.

Klare Nudelsuppe mit Pilzen

Für 4 Personen

125 g große, möglichst flachhütige
Pilze, in dünnen Scheiben

½ Gurke, längs halbiert

1 Knoblauchzehe, geschält

2 EL Pflanzenöl

2 Frühlingszwiebeln, fein gehackt

600 ml Wasser

25 g chinesische Reisnudeln

¾ TL Salz

1 EL Sojasauce

TIPP

Mit dem Entfernen der Samen
aus der Gurke wird ihr möglicher-
weise bitterer Geschmack
gemildert. Auch sieht sie so
geschnitten attraktiver aus.

1 Die Pilze waschen und trockentupfen. Die Hüllen- und Schleier-
reste nicht entfernen, weil sie den
Geschmack intensivieren.

2 Die Gurkensamen mit einem Teelöffel herauskratzen, dann die
Gurkenhälften in dünne Scheiben
schneiden.

3 Die Knoblauchzehe in dünne
Stifte schneiden.

4 Das Öl in einem Wok oder großen
Kochtopf erhitzen.

5 Knoblauch und Frühlingszwiebeln
zugeben und 30 Sekunden anbraten. Die Pilze hinzufügen und 2–3 Minuten pfannenrühren.

6 Das Wasser einrühren. Die Nudeln in kleine Stücke brechen und
zur Suppe zufügen. Unter Rühren zum
Kochen bringen.

7 Die Gurkenscheiben, Salz und
Sojasauce zufügen und 2–3 Minuten köcheln lassen.

8 Die Nudeln und das Gemüse
gleichmäßig auf vorgewärmte
Suppentassen verteilen und die Suppe
heiß servieren.

Deftige Kartoffelsuppe

Für 4 Personen

2 EL Pflanzenöl

225 g Minutensteak, in Streifen

225 g neue Kartoffeln, halbiert

1 Karotte, gewürfelt

2 Selleriestangen, in Scheiben

2 Porreestangen, in Ringen

1 l Rinderbrühe

8 Babymaiskolben, in Scheiben

1 Bouquet garni

2 EL trockener Sherry

Salz und Pfeffer

frisch gehackte Petersilie,
    zum Garnieren

knuspriges Brot, zum Servieren

TIPP

Kochen Sie die doppelte
Menge Suppe und frieren Sie
den Rest ein. Vor dem
Aufwärmen im Kühlschrank
gut auftauen lassen,
dann sanft erhitzen.

1 Das Öl in einem großen Topf erhitzen, das Fleisch zugeben und unter ständigem Rühren 3 Minuten anbraten.

2 Kartoffeln, Karotte, Sellerie und Porree zufügen und unter Rühren 5 Minuten dünsten.

3 Die Rinderbrühe zugießen und aufkochen. Die Hitze reduzieren, bis die Suppe leicht köchelt, dann Mais und Bouquet garni zugeben.

4 20 Minuten köcheln, bis Fleisch und Gemüse gar sind.

5 Das Bouquet garni herausnehmen und wegwerfen. Den Sherry einrühren und die Suppe mit Salz und Pfeffer abschmecken.

6 In vorgewärmte Suppenteller geben und mit der Petersilie bestreut sofort servieren. Frisches, knuspriges Brot dazu reichen.

Umbrische Zwiebelsuppe

Für 4 Personen

700 g Zwiebeln

120 g durchwachsener Speck oder

Pancetta, ohne Rinde

25 g Butter

2 EL Olivenöl

2 TL Zucker

Salz und Pfeffer

1,2 l Hühnerbrühe

350 g Eiertomaten, gehäutet und

zerkleinert

12 frische Basilikumblätter

frisch geriebener Parmesan, zum

Servieren

3 Acht Basilikumblätter zerpflücken und in die Suppe geben. Mit Salz und Pfeffer abschmecken. Die Suppe in vorgewärmte Teller füllen, mit den restlichen Basilikumblättern garnieren. Den Parmesan separat dazureichen.

1 Die Zwiebeln in feine Ringe schneiden. Den Speck in Würfel schneiden und in einer beschichteten Pfanne 5 Minuten bei niedriger Hitze unter Rühren auslassen. Butter, Öl, Zwiebeln, Zucker und eine Prise Salz dazugeben und vermengen. Den Topf abdecken und unter gelegentlichem Rühren 15–20 Minuten garen, bis die Zwiebeln goldgelb sind.

2 Brühe und Tomaten dazugeben und mit Salz und Pfeffer würzen. Abdecken und unter gelegentlichem Rühren 30 Minuten köcheln.

Hühnersuppe mit Porree

Für 6 Personen

350 g Hähnchenbrustfilet

350 g Porree

30 g Butter

1,2 l frische Hühnerbrühe

1 Bouquet garni

Salz und weißer Pfeffer

8 Trockenpflaumen, entsteint und
  halbiert

gekochter Reis und Paprika, in
  Würfeln (nach Belieben)

VARIATION

Stellen Sie das Bouquet garni
selbst zusammen, beispielsweise
mit Petersilie, Thymian und
Rosmarin, die Sie in ein
Musselinsäckchen binden.

1 Das Hähnchenbrustfilet und den
Porree in 2,5 cm große Stücke
schneiden.

2 Butter in einem großen Topf zerlassen. Hähnchenbrustfilet und
Porree zugeben und 8 Minuten
andünsten.

3 Hühnerbrühe und Bouquet garni
zugeben und gut umrühren. Mit
Salz und weißem Pfeffer abschmecken.

4 Die Suppe zum Kochen bringen,
dann bei reduzierter Hitze 45 Minuten köcheln lassen.

5 Trockenpflaumen und, nach Belieben, Reis und gewürfelte Paprika zugeben und weitere 20 Minuten
köcheln lassen. Das Bouquet garni entfernen und die Suppe sofort servieren.

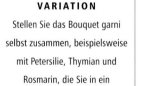

Hühnchenpfanne mit Kreuzkümmel

Für 4 Personen

450 g Hähnchenbrustfilet

2 EL Maiskeimöl

1 Knoblauchzehe, fein gehackt

1 EL Kreuzkümmelsamen

1 EL frisch geriebene Ingwerwurzel

1 rote Chili, entkernt und in Ringe
  geschnitten

1 rote Paprika, entkernt und in
  Streifen geschnitten

1 grüne Paprika, entkernt und in
  Streifen geschnitten

1 gelbe Paprika, entkernt und in
  Streifen geschnitten

100 g Bohnensprossen

350 g Pak Choi oder Mangold

2 EL süße Chilisauce

3 EL helle Sojasauce

Ingwer-Chips, zum Garnieren
  (s. Tipp)

gekochte Nudeln, zum Servieren

1 Die Hähnchenbrustfilets in schmale Streifen schneiden.

2 Das Öl in einem vorgewärmten großen Wok erhitzen.

3 Das Fleisch in den Wok geben und 5 Minuten pfannenrühren.

4 Knoblauch, Kreuzkümmel, Ingwer und Chili zufügen und alles gut vermengen.

5 Die Paprikastreifen in den Wok geben und 5 Minuten weiterrühren.

6 Bohnensprossen, Pak Choi, Chilisauce und Sojasauce zufügen und mitgaren, bis die Pak-Choi-Blätter zusammenfallen.

7 Das Gericht auf vorgewärmte Schalen verteilen, mit Ingwer-Chips garnieren und mit Nudeln servieren.

TIPP

So werden Ingwer-Chips gemacht: Ein dickes Stück Ingwerwurzel schälen und in dünne Scheiben schneiden. Dann die Scheiben vorsichtig für ca. 30 Sekunden in heißes Öl tauchen. Die frittierten Ingwerscheiben mit einem Schaumlöffel herausnehmen und gründlich auf Küchenpapier abtropfen lassen.

Knoblauchhuhn nach Thai-Art

Für 4 Personen

4 Knoblauchzehen, gehackt

4 Schalotten, gehackt

2 frische kleine rote Chillies,
  entkernt und gehackt

1 Stängel Zitronengras, fein gehackt

1 EL frisch gehackter Koriander

1 TL Krabbenpaste

½ TL gemahlener Zimt

1 EL Tamarindenpaste

2 EL Öl

8 kleine Hühnerteile, z. B. Flügel
  oder Unterkeulen

300 ml Hühnerbrühe

1 EL thailändische Fischsauce

1 EL Erdnussbutter

Salz und Pfeffer

4 EL geröstete Erdnüsse, gehackt

ZUM SERVIEREN

pfannengerührtes Gemüse

gekochte Nudeln

1 Knoblauch, Schalotten, Chillies, Zitronengras, Koriander und Krabbenpaste im Mörser zu einer glatten Paste zerstoßen. Gemahlenen Zimt und Tamarindenpaste zugeben und unterrühren.

2 Das Öl in einem Wok oder einer großen Pfanne erhitzen. Das Hühnerfleisch zugeben und unter häufigem Wenden rundum braun anbraten. Aus dem Wok nehmen und warm halten. Das Fett aus dem Wok abgießen.

3 Die Gewürzpaste in die Pfanne oder den Wok geben und bei mittlerer Hitze leicht anbraten. Die Hühnerbrühe einrühren und das Fleisch wieder zugeben.

4 Zum Kochen bringen, dann gut abdecken und bei schwacher Hitze 25–30 Minuten köcheln, bis das Fleisch gar ist. Dabei gelegentlich rühren. Fischsauce und Erdnussbutter einrühren und weitere 10 Minuten köcheln.

5 Mit Salz und Pfeffer abschmecken, dann mit den gerösteten Erdnüssen bestreuen. Heiß zu einer bunten Gemüsemischung und gekochten Nudeln servieren.

Huhn Cacciatora

Für 4 Personen

1 Huhn (ca. 1,5 kg), in 6 oder 8
    Portionen zerteilt

125 g Mehl

3 EL Olivenöl

150 ml trockener Weißwein

je 1 grüne und rote Paprika,
    entkernt und in Streifen

1 Karotte, fein gehackt

1 Selleriestange, fein gehackt

1 Knoblauchzehe, zerdrückt

Salz und Pfeffer

200 g Tomaten aus der Dose,
    gehackt

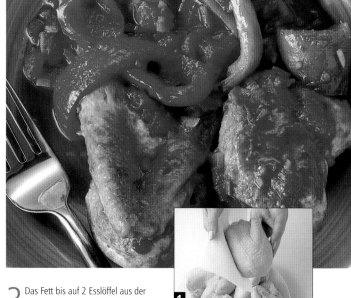

1 Die Hühnerteile unter fließend
  kaltem Wasser abspülen, mit
Küchenpapier trockentupfen und leicht
mit Mehl bestäuben.

2 Öl in einer Pfanne erhitzen, das
  Fleisch zufügen und bei mittlerer
Hitze rundum anbraten, bis es goldbraun ist. Dann aus der Pfanne nehmen und beiseite stellen.

3 Das Fett bis auf 2 Esslöffel aus der
  Pfanne abgießen, Wein zufügen
und einige Minuten rühren. Paprika,
Karotte, Sellerie und Knoblauch zugeben, mit Salz und Pfeffer abschmecken
und einige Minuten köcheln.

4 Tomaten und Fleisch in die Pfanne
  geben, zudecken und 30 Minuten
unter regelmäßigem Rühren köcheln,
bis das Fleisch vollkommen gar ist.

5 Mit Salz und Pfeffer abschmecken
  und sofort servieren.

Deftiger Hühnereintopf

Für 4 Personen

8 Hühnerkeulen

2 EL Olivenöl

1 rote Zwiebel, in Ringen

2 Knoblauchzehen, zerdrückt

1 große rote Paprika, in Streifen

fein geriebene Schale und Saft von

    1 kleinen Orange

125 ml Hühnerbrühe

400 g Tomaten aus der Dose,

    gehackt

30 g getrocknete Tomaten in Öl,

    abgetropft, in Scheiben

1 EL frisch gehackter Thymian

50 g schwarze Oliven, entsteint

Salz und Pfeffer

Orangenschale und Thymianzweige,

    zum Garnieren

frisches, knuspriges Brot, zum

    Servieren

TIPP

Getrocknete Tomaten verleihen mit ihrem intensiven Aroma jedem Gericht einen besonderen Geschmack.

1 Die Keulen ohne Fett in einer beschichteten Pfanne bei starker Hitze goldbraun braten, dabei gelegentlich wenden. Mit einem Schaumlöffel herausnehmen, überschüssiges Fett abtropfen lassen und das Fleisch in eine Kasserolle geben.

2 Das Öl in die Pfanne geben und Zwiebel, Knoblauch und Paprika darin 3–4 Minuten bei mittlerer Hitze dünsten. Dann das Gemüse zum Fleisch in die Kasserolle geben.

3 Orangenschale und -saft, Hühnerbrühe, Dosentomaten und getrocknete Tomaten zufügen und sorgfältig vermengen.

4 Aufkochen, zudecken und etwa 1 Stunde bei schwacher Hitze köcheln lassen, dabei gelegentlich umrühren. Thymian und Oliven zugeben und mit Salz und Pfeffer abschmecken.

5 Den Eintopf mit Orangenschale und Thymianzweigen garnieren und mit frischem Brot servieren.

16

Hühnchen Peperonata

Für 4 Personen

8 Hühnerkeulen

2 EL Vollkornmehl

2 EL Olivenöl

1 kleine Zwiebel, in feinen Ringen

1 Knoblauchzehe, zerdrückt

je 1 große rote, gelbe und grüne
    Paprika, in dünnen Streifen

400 g Tomaten aus der Dose,
    gehackt

1 EL frisch gehackter Oregano

Salz und Pfeffer

frischer Oregano, zum Garnieren

TIPP

Wenn Sie keinen frischen
Oregano finden, verwenden Sie
Dosentomaten in Kräuterlake.

1 Die Hühnerkeulen enthäuten und
im Mehl wälzen.

2 Das Öl in einer großen Pfanne
erhitzen und die Keulen leicht
anbräunen, dann aus der Pfanne
nehmen. Die Zwiebel in die Pfanne
geben und glasig dünsten. Knoblauch,
Paprika, Tomaten und Oregano zugeben und unter Rühren aufkochen.

3 Die Keulen auf dem Gemüse anrichten, mit Salz und Pfeffer abschmecken und abgedeckt 20–25 Minuten gar köcheln.

4 Nochmals abschmecken, mit Oregano garnieren und servieren.

Hühnerrisotto

Für 4–6 Personen

½–1 TL Safranfäden

1,3 l heiße Hühnerbrühe

90 g Butter

2–3 Schalotten, fein gehackt

400 g Arborioreis (Rundkornreis)

180 g frisch geriebener Parmesan

Salz und Pfeffer

grüner Salat, zum Servieren

1 Safranfäden in eine kleine Schüssel geben, mit heißer Brühe bedecken und gründlich einweichen.

2 In einem großen Topf 30 g Butter bei mittlerer Hitze zerlassen. Schalotten zugeben und ca. 2 Minuten weich dünsten. Reis zugeben und unter Rühren ca. 2 Minuten mitdünsten, bis die Körner glasig werden.

3 Nun 1 großen Schöpflöffel (ca. 225 ml) heiße Brühe zugeben.

Unter Rühren köcheln lassen, bis die Flüssigkeit vom Reis vollständig aufgesogen ist.

4 Nach und nach weitere Brühe zugeben (jeweils ca. ½ Schöpflöffel) und einkochen lassen. Der Reis soll aber nicht zu trocken werden.

5 Nach etwa 15 Minuten die Safranbrühe unterrühren. Der Reis verfärbt sich leuchtend gelb und nimmt beim weiteren Garen einen immer satteren Gelbton an. Weiter Brühe zugeben und einkochen, bis der Reis gar, aber noch bissfest ist. Der Risotto sollte zuletzt eine sahnige Konsistenz haben.

6 Die restliche Butter und die Hälfte des Parmesans untermengen. Vom Herd nehmen, zudecken und ca. 1 Minute ruhen lassen.

7 Risotto in vorgewärmte Portionsschalen geben und mit dem restlichen Parmesan bestreut servieren. Dazu den grünen Salat reichen.

Hühnchen provenzalisch

Für 4 Personen

1,8 kg Hühnchenteile

Salz und Pfeffer

1 Knoblauchzehe, fein gehackt

3 EL Olivenöl

1 Zwiebel, fein gehackt

225 g Champignons, halbiert

1 EL Mehl

125 ml Hühnerbrühe

175 ml trockener Weißwein

6 Sardellenfilets, abgespült

3 Tomaten, gehäutet, entkernt und zerkleinert

2 TL frisch gehackter Oregano

6 schwarze Oliven, entsteint

1 Die Hühnchenteile rundum mit Salz, Pfeffer und Knoblauch einreiben. Das Öl in einer Kasserolle erhitzen. Die Hühnchenteile 8–10 Minuten bei mittlerer Hitze anbraten, bis sie goldgelb sind. Die Zwiebeln dazugeben, abdecken und 20–25 Minuten bei kleiner Hitze unter gelegentlichem Rühren schmoren, bis das Fleisch gar ist.

2 Die Hühnchenteile aus der Kasserolle nehmen und warm halten. Die Pilze in die Kasserolle geben und 3 Minuten bei mittlerer Hitze unter ständigem Rühren garen. Das Mehl dazugeben und 1 Minute unter ständigem Rühren anschwitzen. Langsam Brühe und Wein einrühren. Die Sauce zum Kochen bringen und unter Rühren 10 Minuten köcheln, bis sie eingedickt ist.

3 Vier der Sardellenfilets grob hacken und mit Tomaten, Oregano und Oliven in die Kasserolle geben. 5 Minuten köcheln. In der Zwischenzeit die restlichen Sardellenfilets der Länge nach halbieren. Hühnchenteile und Sauce auf einen Servierteller geben und mit den Sardellenfilets garnieren. Sofort servieren.

VARIATION

Falls Sie Knoblauch lieben, verwenden Sie noch eine weitere Zehe in Schritt 2.

Coq au Vin

Für 4 Personen

50 g Butter

2 EL Olivenöl

1,8 kg Hühnchenteile

120 g geräucherter Speck, in
   Streifen geschnitten

120 g Perlzwiebeln oder Schalotten

120 g braune Champignons,
   halbiert

2 Knoblauchzehen, fein gehackt

2 EL Weinbrand

225 ml Rotwein

300 ml Hühnerbrühe

1 Bouquet garni

Salz und Pfeffer

2 EL Mehl

Lorbeerblätter, zum Garnieren

1 Die Hälfte der Butter und das Olivenöl in einer großen Kasserolle erhitzen. Die Hühnchenteile 8–10 Minuten bei mittlerer Hitze rundum anbraten, bis sie goldbraun sind. Speck, Zwiebeln, Pilze und Knoblauch dazugeben.

2 Den Weinbrand darüber gießen und anzünden. Wenn die Flamme erloschen ist, Wein, Brühe und Bouquet garni dazugeben, salzen und pfeffern. Kurz aufkochen, dann 1 Stunde schmoren lassen, bis die Hühnchenteile gar und zart sind. In der Zwischenzeit für die Beurre manié die Butter mit dem Mehl in einer Schale zerdrücken.

VARIATION

Der Rotwein kann durch einen
körperreichen Weißwein,
z. B. einen Chardonnay, ersetzt
werden.

---

3 Bouquet garni und Hühnchenteile aus der Kasserolle entfernen. Die Hühnchenteile warm halten. Die Beurre

manié nach und nach in die Schmorflüssigkeit einrühren. Zum Kochen bringen, die Hühnchenteile wieder in die Kasserolle geben, mit Lorbeerblättern garnieren und sofort servieren.

Weißweinhähnchen

Für 4 Personen

120 g Perlzwiebeln oder Schalotten

2 dicke Scheiben durchwachsener
Speck, ohne Rinde

50 g Butter

2 EL Olivenöl

1 Knoblauchzehe, fein gehackt

1,8 kg Hühnchenteile

400 ml trockener Weißwein

300 ml Hühnerbrühe

1 Bouquet garni

Salz und Pfeffer

120 g Champignons

25 g Mehl

frisch gehackte Gartenkräuter

1 Den Ofen auf 160 °C vorheizen. Die Zwiebeln häuten, Speck klein würfeln. Die Hälfte der Butter mit dem Öl in einer Kasserolle erhitzen und den Speck 5–10 Minuten bei mittlerer Hitze unter Rühren auslassen, bis er gold- braun ist. Den Speck aus der Kasserolle auf einen Teller geben. Zwiebeln und Knoblauch in der Kasserolle 10 Minuten bei kleiner Hitze unter ständigem Rüh- ren goldbraun anbraten, dann zu den Speckwürfeln geben. Hühnchenteile in die Kasserolle geben und 10 Minuten bei mittlerer Hitze von allen Seiten goldbraun anbraten. Ebenfalls zu den Speckwürfeln geben.

2 Sämtliches Fett aus der Kasserolle entfernen. Wein und Brühe in die Kasserolle gießen, zum Kochen bringen, dabei darauf achten, dass nichts am Topfboden festsitzt. Das Bouquet garni dazugeben, salzen und pfeffern. Speck- würfel, Zwiebeln und Hühnchenteile wieder in die Kasserolle geben. Bei aufgesetztem Deckel 1 Stunde im Ofen schmoren. Die Pilze dazugeben, wieder abdecken und weitere 15 Minuten garen. In der Zwischenzeit für die Beurre manié die restliche Butter mit dem Mehl in einer kleinen Schale zerdrücken.

3 Die Kasserolle aus dem Ofen nehmen und bei mittlerer Herd- temperatur warm halten. Das Bouquet garni entfernen. Die Beurre manié nach

---

VARIATION

Sie können das Bouquet garni durch ein kleines Bund frischen Thymian und die gehackten Gartenkräuter durch glatte Petersilie ersetzen.

---

und nach in die Schmorflüssigkeit einrühren. Unter ständigem Rühren zum Kochen bringen und mit frischen Gartenkräutern garniert sofort servieren.

Louisiana-Hühnchen

Für 4 Personen

5 EL Maiskeimöl

4 große Hühnchenteile

50 g Mehl

1 Zwiebel, gehackt

2 Selleriestangen, in Scheiben
geschnitten

1 grüne Paprika, entkernt und
gewürfelt

2 Knoblauchzehen, fein gehackt

2 TL frisch gehackter Thymian

2 frische rote Chilischoten, entkernt
und sehr fein gehackt

400 g Tomatenstückchen aus der
Dose

300 ml Hühnerbrühe

Salz und Pfeffer

GARNIERUNG

Feldsalat

Thymian, frisch gehackt

VARIATION

Statt Hühnchen können Sie auch
rohe Garnelen oder Flusskrebse
nehmen. In Schritt 1 anbraten,
bis sie sich verfärben, kurz vor
Garende zum Aufwärmen wieder
in die Kasserolle geben.

---

1 Das Maiskeimöl in einer großen
Kasserolle erhitzen und die Hühnchenteile 5–10 Minuten bei mittlerer
Hitze von allen Seiten anbraten, bis sie
goldbraun sind. Die Hühnchenteile mit
einem Schaumlöffel aus der Kasserolle

nehmen und auf einem Teller warm
stellen.

2 Das Mehl in der Kasserolle 15 Minuten bei geringer Hitze unter
ständigem Rühren anschwitzen, bis
es goldgelb ist. Zwiebeln, Sellerie und
Paprika dazugeben und 2 Minuten
unter Rühren anbraten. Knoblauch,

Thymian und Chillies dazugeben und
1 Minute unter Rühren anschwitzen.

3 Die Tomaten zugeben und die
Brühe nach und nach unterrühren. Die Hühnchenteile wieder in
die Kasserolle geben und abgedeckt
45 Minuten schmoren lassen, bis das
Fleisch zart ist. Abschmecken, auf vorgewärmte Teller verteilen, garnieren
und sofort servieren.

Hühnchen Bonne Femme

Für 4 Personen

1,8 kg küchenfertiges Hühnchen

Salz und Pfeffer

50 g Butter

675 g Perlzwiebeln oder Schalotten

675 g neue Kartoffeln

6 Scheiben Frühstücksspeck, ohne
  Rinde, gewürfelt

1 Bouquet garni

1 Den Ofen auf 180 °C vorheizen.
Das Hühnchen innen und außen
gründlich abspülen und mit Küchenpapier trockentupfen. Gut salzen und
pfeffern. Die Butter in einer Kasserolle
zerlassen. Das Hühnchen 8–10 Minuten bei mittlerer Hitze rundum goldbraun anbraten. Aus der Kasserolle
nehmen und auf einem Teller warm
halten.

2 Zwiebeln, Kartoffeln und Speckwür-
fel in der Kasserolle bei kleiner Hitze unter gelegentlichem Rühren anschwitzen, bis die Zwiebeln weich werden und
die Kartoffeln Farbe annehmen.

3 Das Hühnchen mit dem Bouquet
garni wieder in die Kasserolle geben. Bei aufgesetztem Deckel etwa
1 Stunde im Ofen schmoren, bis das
Fleisch gar und zart ist. Das Bouquet
garni entfernen. Das Hühnchen auf
einen großen Servierteller geben, Gemüse und Speck darum anrichten und
sofort servieren.

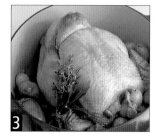

Hähnchen-Kartoffel-Auflauf

Für 4 Personen

2 EL Olivenöl

4 magere Hähnchenbrustfilets

1 Bund Frühlingszwiebeln, gehackt

350 g junge Karotten, in Scheiben
  geschnitten

125 g kleine grüne Bohnen, halbiert

600 ml Hühnerbrühe

350 g kleine neue Kartoffeln,
  gewaschen

frische Kräuter, z. B. Thymian,
  Rosmarin, Lorbeer und Petersilie

Salz und Pfeffer

2 EL Speisestärke

2–3 EL kaltes Wasser

frische Kräuterzweige, zum
  Garnieren

2 Vorbereitete Frühlingszwiebeln, Karotten und grüne Bohnen zufügen und alles 3–4 Minuten dünsten.

3 Den Backofen auf 190 °C vorheizen. Das Fleisch wieder in den Topf geben. Die Brühe zugießen. Kartoffeln und Kräuter zugeben. Mit Salz und Pfeffer gut abschmecken und aufkochen. Abdecken und im Backofen 40–50 Minuten schmoren, bis die Kartoffeln zart sind.

1 Das Öl in einem Schmortopf erhitzen und die Hähnchenbrustfilets zugeben. 5–8 Minuten braten, bis sie von beiden Seiten gebräunt sind. Das Fleisch herausnehmen und beiseite stellen.

4 Speisestärke und Wasser glatt rühren, dann in den Schmortopf einrühren und die Sauce etwas eindicken lassen. Abgedeckt weiter 5 Minuten schmoren. Mit frischen Kräutern garnieren und servieren.

29

Brunswick Stew

Für 6 Personen

1,8 kg Hühnchenteile

Salz

2 EL Paprikapulver

2 EL Olivenöl

25 g Butter

450 g Zwiebeln, gehackt

2 gelbe Paprika, entkernt und gewürfelt

400 g Tomatenstückchen aus der Dose

225 ml trockener Weißwein

450 ml Hühnerbrühe

1 EL Worcestersauce

½ TL Tabasco Sauce

1 EL Petersilie, frisch gehackt

325 g Zuckermais aus der Dose, abgetropft

425 g grüne Bohnen aus der Dose, abgetropft

2 EL Mehl

4 EL Wasser

frische Petersilie, zum Garnieren

1 Die Hühnchenteile salzen und mit Paprika bestäuben.

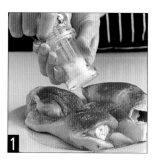

2 Öl und Butter in einer Kasserolle erhitzen und die Hühnchenteile 10–15 Minuten bei mittlerer Hitze von allen Seiten goldgelb anbraten. Aus der Kasserolle heben und auf einem Teller warm halten.

3 Zwiebeln und Paprika in der Kasserolle bei kleiner Hitze und unter gelegentlichem Rühren anschwitzen. Tomaten, Wein, Brühe, Saucen und

Petersilie dazugeben. Unter Rühren zum Kochen bringen. Die Hühnchenteile wieder in die Kasserolle geben und bei aufgesetztem Deckel 30 Minuten unter gelegentlichem Rühren schmoren.

4 Mais und Bohnen dazugeben, halb abdecken und weitere 30 Minuten schmoren. Mehl und Wasser in einer Schale glatt rühren. Einen Esslöffel der Schmorflüssigkeit unterrühren. Die Mischung langsam mit der restlichen Schmorflüssigkeit verrühren. Weitere 5 Minuten köcheln. Mit Petersilie garniert servieren.

VARIATION
Die Hühnerbrühe kann auch durch Wasser oder Gemüsebrühe ersetzt werden.

Lamm-Kartoffel-Masala

Für 4 Personen

750 g mageres Lammfleisch

3 EL Ghee oder Pflanzenöl

500 g Kartoffeln, geschält und
in 2,5 cm große Würfel
geschnitten

1 große Zwiebel, geviertelt und in
Scheiben geschnitten

2 Knoblauchzehen, zerdrückt

175 g Champignons, in dicke
Scheiben geschnitten

1 Dose Tikka-Masala-Currysauce
(ca. 280 g)

300 ml Wasser

Salz

3 Tomaten, halbiert und in dünne
Scheiben geschnitten

125 g Blattspinat ohne Stiele,
gewaschen

Minzezweige, zum Garnieren

gekochter Reis, zum Servieren

1 Das Fleisch in 2,5 cm große Würfel schneiden. Ghee oder Öl in einer großen Pfanne erhitzen und das Fleisch darin 3 Minuten bei mittlerer Hitze anbraten, bis es rundum gebräunt ist. Das Fleisch aus der Pfanne nehmen.

2 Kartoffeln, Zwiebel, Knoblauch und Pilze zugeben und 3–4 Minuten unter häufigem Rühren dünsten.

3 Currysauce und Wasser zugießen, das Fleisch unterrühren und mit

Salz abschmecken. Den Deckel auflegen und 1 Stunde köcheln lassen, bis das Fleisch gar und zart ist. Dabei gelegentlich rühren.

4 Tomaten und Spinat zufügen und sorgfältig unter die Fleischmischung heben. Abgedeckt weitere 10 Minuten kochen, bis der Spinat gar und zart ist.

5 Mit Minzezweigen garnieren und heiß servieren. Als Beilage Reis dazu reichen.

Fruchtiger Lammtopf

Für 4 Personen

450 g mageres Lammfleisch

1 TL gemahlener Zimt

1 TL gemahlener Koriander

1 TL gemahlener Kreuzkümmel

2 TL Olivenöl

1 rote Zwiebel, fein gehackt

1 Knoblauchzehe, zerdrückt

400 g Tomaten aus der Dose,
   gewürfelt

2 EL Tomatenmark

125 g fleischige Trockenaprikosen

1 TL Zucker

300 ml Gemüsebrühe

Salz und Pfeffer

1 Bund frischer Koriander, zum
   Garnieren

Naturreis, Couscous oder Bulgur,
   zum Servieren

1 Das Fleisch von Fett befreien, in 2,5 cm große Würfel schneiden, mit Gewürzen und Öl einreiben und in eine Schüssel geben.

2 Eine beschichtete Pfanne erhitzen und das Fleisch hineingeben. Die Hitze reduzieren und das Fleisch 4–5 Minuten unter ständigem Rühren anbraten, bis es ringsum gebräunt ist. Dann mit einem Bratenwender herausnehmen und in eine Auflaufform mit Deckel geben.

3 Anschließend in der Pfanne Zwiebel, Knoblauch, Tomaten und Tomatenmark 5 Minuten kochen. Aprikosen und Zucker zufügen. Die Brühe zugießen und aufkochen. Mit Salz und Pfeffer abschmecken.

4 Die Sauce über das Fleisch geben und vermengen. Abdecken und bei 180 °C im vorgeheizten Backofen 1 Stunde garen. Während der letzten 10 Minuten den Deckel abnehmen.

5 Koriander grob hacken und über den Lammtopf streuen. Mit Naturreis, Couscous oder Bulgur servieren.

Irish Stew

Für 4 Personen

4 EL Mehl

Salz und Pfeffer

1,3 kg Lammfleisch vom Hals, pariert

3 große Zwiebeln, gehackt

3 Karotten, in Scheiben geschnitten

450 g Kartoffeln, geviertelt

½ TL getrockneter Thymian

850 ml heiße Rinderbrühe

2 TL Petersilie, frisch gehackt, zum Garnieren

1 Den Ofen auf 160 °C vorheizen. Das Mehl auf einen Teller geben. Mit Salz und Pfeffer würzen. Das Fleisch im Mehl wenden, überschüssiges Mehl abklopfen und auf den Boden einer Kasserolle legen.

2 Zwiebeln, Karotten und Kartoffeln darüber schichten.

3 Thymian und Brühe darüber geben. Bei aufgesetztem Deckel 2 ½ Stunden im Ofen schmoren. Mit Petersilie garnieren und sofort servieren.

Lamm orientalisch

Für 4 Personen

500 g Lammkeule, ausgelöst

1 EL Maiskeimöl

350 g Schalotten, gehäutet

425 ml Hühnerbrühe

1 EL Honig

1 TL gemahlener Zimt

½ TL gemahlener Ingwer

½ TL Safranfäden, leicht zerdrückt

¼ TL frisch geriebene Muskatnuss

Salz und Pfeffer

geriebene Schale und Saft von
1 kleinen Orange, plus zusätzliche Schale zum Garnieren

12 entsteinte Backpflaumen

1 Das Lammfleisch in große Würfel schneiden. Das Öl in einer Kasserolle erhitzen und das Fleisch 3–5 Minuten bei mittlerer Hitze rundum goldbraun anbraten. Das Fleisch auf einen Teller geben. Die Schalotten in der Kasserolle 10 Minuten bei kleiner Hitze unter gelegentlichem Rühren goldbraun anschwitzen. Die Schalotten auf einen anderen Teller geben.

2 Sämtliches Fett aus der Kasserolle entfernen. Die Brühe in die Kasserolle gießen und zum Kochen bringen, dabei darauf achten, dass nichts am Topfboden festsitzt. Das Fleisch wieder in die Kasserolle geben. Honig, Zimt, Ingwer, Safran und Muskat einrühren. Mit Salz und Pfeffer würzen und 30 Minuten bei aufgesetztem Deckel schmoren.

3 Schalotten, Orangenschale und -saft in die Kasserolle geben. Abgedeckt weitere 30 Minuten schmoren.

Die Backpflaumen dazugeben und mit Salz und Pfeffer abschmecken. Ohne Deckel weitere 15 Minuten köcheln. Mit Orangenschale garnieren und sofort servieren.

Rogan Josh

Für 6 Personen

225 ml Naturjoghurt

3 EL Zitronensaft

2,5-cm-Stück frischer Ingwer, gerieben

2 Knoblauchzehen, fein gehackt

Salz

900 g Lammfilet, in 2,5 cm große
Würfel geschnitten

3 EL Maiskeimöl

½ TL Kreuzkümmelsamen

4 Kardamomkapseln

1 Zwiebel, fein gehackt

1 frische grüne Chilischote, entkernt
und fein gehackt

2 TL gemahlener Kreuzkümmel

2 TL gemahlener Koriander

400 g Tomatenstückchen aus der Dose

2 EL Tomatenmark

150 ml Wasser

2 Lorbeerblätter, plus zusätzliche
Blätter zum Garnieren

1 Joghurt, Zitronensaft, Ingwer und die Hälfte des Knoblauchs in einer Glas- oder Porzellanschüssel verrühren. Salzen und das Lammfleisch unterheben. Mit Frischhaltefolie abdecken und mindestens 8 Stunden im Kühlschrank marinieren lassen.

2 Das Öl bei starker Hitze in einer Kasserolle erhitzen und die Kreuzkümmelsamen 1–2 Minuten unter ständigem Rühren anschwitzen, bis sie zu springen beginnen und die Aromastoffe freisetzen. Die Kardamomkapseln dazugeben und weitere 2 Minuten unter Rühren anschwitzen. Zwiebeln, Chilischoten und restlichen Knoblauch dazugeben und 5 Minuten unter gelegentlichem Rühren anbraten, bis die Zwiebeln weich sind. Gemahlenen Kreuzkümmel und Koriander unterrühren.

3 Das Fleisch samt Marinade dazugeben und 5 Minuten unter gelegentlichem Rühren garen. Tomaten, Tomatenmark, Wasser und Lorbeerblätter dazugeben. Unter Rühren zum Kochen bringen. Hitze reduzieren und 1¼–1½ Stunden schmoren, bis das Fleisch zart ist. Mit Lorbeerblättern garnieren und sofort servieren.

VARIATION

Falls Sie Ihrem Gericht ein etwas süßeres Aroma verleihen wollen, verwenden Sie eine rote anstatt einer grünen Chilischote.

Eintopf französische Art

Für 6 Personen

2 EL Maiskeimöl

2 kg Lammkeule, ausgelöst, in
2,5 cm große Würfel geschnitten

6 Porreestangen, in Ringe
geschnitten

1 EL Mehl

150 ml Roséwein

300 ml Hühnerbrühe

1 EL Tomatenmark

1 EL Zucker

2 TL frisch gehackte Minze

120 g getrocknete Aprikosen,
gehackt

Salz und Pfeffer

1 kg Kartoffeln, in Scheiben
geschnitten

3 EL zerlassene Butter

frische Minzeblätter, zum Garnieren

VARIATION

Zur Geschmacksverstärkung
kann anstelle von Roséwein
auch ein leichter Rotwein
verwendet werden.

1 Den Ofen auf 180 °C vorheizen.
Das Öl in einer Kasserolle erhitzen. Das Lammfleisch 5–8 Minuten bei mittlerer Hitze portionsweise von allen Seiten goldbraun anbraten. Auf einen Teller geben.

2 Den Lauch in der Kasserolle anbraten und 5 Minuten unter gelegentlichem Rühren anbraten. Das Mehl dazugeben und 1 Minute unter Rühren anschwitzen. Wein und Brühe langsam einrühren. Unter Rühren zum Kochen bringen. Tomatenmark, Zucker, Minze und Aprikosen zugeben und mit Salz und Pfeffer würzen.

3 Das Lammfleisch wieder in die Kasserolle geben. Die Kartoffelscheiben darauf verteilen und mit der zerlassenen Butter bestreichen. Abgedeckt 1½ Stunden im Ofen schmoren.

4 Die Ofentemperatur auf 200 °C erhöhen. Den Deckel abnehmen und weitere 30 Minuten garen, bis die Kartoffeln goldbraun sind. Mit frischer Minze garnieren und sofort servieren.

Rindfleisch mit Knoblauch & Sojasauce

Für 4 Personen

2 EL Sesamsaat

450 g Rinderfilet

2 EL Öl

1 grüne Paprika, entkernt und in dünne Streifen geschnitten

4 Knoblauchzehen, zerdrückt

2 EL Reiswein

4 EL Sojasauce

6 Frühlingszwiebeln, in Ringen

Nudeln, zum Servieren

TIPP

Sie können die Sesamsaat auch auf einem Backblech gleichmäßig verteilen und zum Rösten unter den vorgeheizten Backofengrill geben.

1 Einen großen Wok sehr stark erhitzen.

2 Die Sesamsaat in den trockenen Wok geben und 1–2 Minuten unter Rühren rösten. Dann aus dem Wok nehmen und beiseite stellen.

3 Das Rindfleisch in schmale Streifen schneiden.

4 Das Öl im Wok erhitzen. Die Fleischstücke hineingeben und 2–3 Minuten unter Rühren anbraten.

5 Paprika und Knoblauch in den Wok geben und 2 Minuten weiterrühren.

6 Reiswein und Sojasauce zufügen, dann die Frühlingszwiebeln zugeben und alles ca. 1 Minute unter Rühren aufkochen.

7 Auf vorgewärmte Schalen verteilen und mit dem gerösteten Sesam bestreuen. Heiß mit gekochten Nudeln servieren.

Rinderschmortopf mit Kräuterklößen

Für 6 Personen

2 EL Maiskeimöl

2 große Zwiebeln, in feine Ringe
geschnitten

8 Karotten, in Scheiben geschnitten

4 EL Mehl

Salz und Pfeffer

1,25 kg Rindfleisch aus der Oberschale, in 2,5 cm großen Würfeln

425 ml Bier

2 TL Rohrzucker

2 Lorbeerblätter

1 TL Thymian, frisch gehackt

KRÄUTERKLÖSSE

120 g Mehl

1 TL Backpulver

1 Prise Salz

50 g Rindertalg, zerkleinert

2 EL Petersilie, frisch gehackt, plus zusätzliche Petersilie zum Garnieren

etwa 4 EL Wasser

VARIATION

Die Karotten können durch
anders Wurzelgemüse, z. B.
Pastinaken oder Steckrüben,
ersetzt werden.

---

1 Den Ofen auf 160 °C vorheizen.
Das Öl in einer Kasserolle erhitzen. Zwiebeln und Karotten 5 Minuten
bei kleiner Hitze unter häufigem Rühren anschwitzen. In der Zwischenzeit
das Mehl in einen Gefrierbeutel geben
und mit Salz und Pfeffer würzen. Die
Fleischwürfel zugeben und so lange
schütteln, bis sie gut mit Mehl überzogen sind.

2 Das Gemüse aus der Kasserolle
nehmen. Die Fleischwürfel in der
Kasserolle portionsweise von allen Sei-
ten goldbraun anbraten. Das Fleisch,
Zwiebeln und Karotten wieder in die
Kasserolle geben. Das verbleibende
Mehl darüber geben. Bier, Zucker,
Lorbeerblätter und Thymian unter-
rühren. Zum Kochen bringen und bei
aufgesetztem Deckel 1¾ Stunden im
Ofen schmoren.

3 Für die Kräuterklöße Mehl, Backpulver und Salz in eine Schüssel
sieben. Talg und Petersilie einarbeiten
und so viel Wasser dazugeben, dass

ein weicher Teig entsteht. Den Teig mit
der flachen Hand zu kleinen Kugeln
formen. Die Klöße auf das Fleisch set-
zen und 30 Minuten im Ofen garen.
Die Lorbeerblätter entfernen. Mit Petersilie garnieren und sofort servieren.

Chili con carne

Für 4 Personen

2 EL Maiskeimöl

500 g Rinderhack

1 große Zwiebel, gehackt

1 große Knoblauchzehe, fein gehackt

1 grüne Paprika, entkernt und klein
  gewürfelt

1 TL Chilipulver

800 g Tomatenstückchen aus der Dose

800 g Kidney-Bohnen aus der Dose,
  abgetropft

450 ml Rinderbrühe

Salz

1 Hand voll frische Korianderblätter

2 EL saure Sahne, zum Garnieren

und 15–20 Minuten unter häufigem
Rühren schmoren, bis das Hackfleisch
gar ist.

4 Den Koriander hacken. Für die
Garnierung etwas zurückbehalten,
den restlichen Koriander zu der Hack-
fleischmischung geben. Abschmecken.
Sofort mit einem Löffel saurer Sahne
und mit Koriander garniert servieren.
Sie können das Gericht auch abkühlen
und über Nacht im Kühlschrank aufbewahren. Wenn es wieder aufgewärmt
wird, schmeckt es umso würziger.

1 Das Öl in einer großen Kasserolle
erhitzen und das Hackfleisch
5 Minuten bei mittlerer Hitze unter
gelegentlichem Rühren gut anbraten.

2 Die Hitze reduzieren. Zwiebeln,
Knoblauch und Paprika dazu-
geben und 10 Minuten unter häufigem
Rühren anbraten.

3 Chilipulver, Tomaten, Bohnen und
Brühe dazugeben, salzen. Zum
Kochen bringen. Die Hitze reduzieren

VARIATION

Das Chilipulver kann auch durch
1–2 fein gehackte, entkernte
frische Chilischoten, z. B. die
klassische Tex-Mex-Chili
Jalapeño, ersetzt werden.

Hackfleischtopf

Für 4 Personen

2 EL Erdnuss- oder Maiskeimöl

450 g Rinderhack

1 kleine Zwiebel, fein gehackt

½ grüne Paprika, entkernt und klein
   gewürfelt

325 g Zuckermais aus der Dose,
   abgetropft

200 g Tomaten aus der Dose

2 TL frisch gehackter Thymian

300 ml Rinderbrühe oder 1 Würfel
   Instant-Rinderbrühe, aufgelöst in
   300 ml kochendem Wasser

Salz und Pfeffer

frischer Thymian, zum Garnieren

1 Das Öl in einer großen Kasserolle erhitzen. Das Hackfleisch 5 Minuten bei mittlerer Hitze unter Rühren gut anbraten.

2 Zwiebeln, Paprika, Mais, Tomaten samt Saft, Thymian und Brühe dazugeben und unter Rühren zum Kochen bringen.

3 Die Hitze reduzieren und bei aufgesetztem Deckel 50 Minuten schmoren. Mit Salz und Pfeffer abschmecken. Mit Thymian garnieren und sofort servieren.

Rinderschmortopf

Für 6 Personen

350 ml trockener Weißwein

2 EL Weinbrand

1 EL Weißweinessig

4 Schalotten, gewürfelt

4 Karotten, in Scheiben geschnitten

1 Knoblauchzehe, fein gehackt

6 schwarze Pfefferkörner

4 frische Thymianzweige

1 frischer Rosmarinzweig

2 frische Petersilienstängel, plus zusätzliche Petersilie zum Garnieren

1 Lorbeerblatt

Salz

750 g Rindfleisch aus der Oberschale, in 2,5 cm große Würfel geschnitten

2 EL Olivenöl

800 g Tomaten aus der Dose

225 g Pilze, gewürfelt

1 Streifen Orangenschale

50 g französischer Schinken, z. B. Bayonne, in Streifen geschnitten

12 schwarze Oliven

VARIATION

Bayonne ist ein luftgetrockneter Schinken aus den Pyrenäen. Falls er nicht erhältlich ist, kann er durch Parma-Schinken ersetzt werden.

1 Wein, Weinbrand, Essig, Schalotten, Karotten, Knoblauch, Pfefferkörner, Thymian, Rosmarin, Petersilie und das Lorbeerblatt vermischen, salzen und über das Fleisch geben, mit Frischhaltefolie abdecken und mindestens 8 Stunden im Kühlschrank marinieren lassen.

2 Den Ofen auf 150 °C vorheizen. Das Fleisch abtropfen und mit Küchenpapier trockentupfen, die Marinade aufbewahren. Die Hälfte des Öls in einer großen Kasserolle erhitzen. Das Fleisch portionsweise 3–4 Minuten bei mittlerer Hitze rundum anbraten. Bei Bedarf noch Öl zugeben.

3 Das gesamte Fleisch, Tomaten, Pilze und Orangenschale in die Kasserolle geben. Die Marinade durchsieben und ebenfalls zugeben. Zum Kochen bringen und im Ofen 2½ Stunden schmoren.

4 Die Kasserolle aus dem Ofen nehmen, Schinken und Oliven zugeben und weitere 30 Minuten im Ofen schmoren, bis das Fleisch ganz zart ist. Die Orangenschale entfernen. Mit Petersilie garnieren und sofort servieren.

Rindergulasch

Für 4 Personen

2 EL Pflanzenöl

1 große Zwiebel, gehackt

1 Knoblauchzehe, zerdrückt

750 g Rindfleisch aus der Oberschale

2 TL Paprikapulver

425 g Tomatenstückchen aus der Dose

2 EL Tomatenmark

1 große rote Paprika, entkernt und
   klein gewürfelt

175 g Pilze, in Scheiben geschnitten

600 ml Rinderbrühe

1 EL Speisestärke

1 EL Wasser

Salz und Pfeffer

frisch gehackte Petersilie, zum
   Garnieren

Langkornreis und Wildreis, zum
   Servieren

VARIATION

Für das besondere Extra
4 Esslöffel Naturjoghurt mit
Paprikapulver bestreut
separat in einer kleinen Schale
dazureichen.

---

1 Das Öl in einer Kasserolle erhitzen und Zwiebeln und Knoblauch 3–4 Minuten bei kleiner Hitze anschwitzen.

2 Das Fleisch mit einem scharfen Messer in Würfel schneiden und in der Kasserolle 3 Minuten bei starker Hitze von allen Seiten goldbraun anbraten. Das Paprikapulver dazugeben und gut verrühren. Tomaten, Tomatenmark, Paprika und Pilze dazugeben und unter Rühren weitere 2 Minuten anschwitzen. Mit der Brühe ablöschen. Zum Kochen bringen, die Hitze reduzieren und abgedeckt 1½–2 Stunden schmoren, bis das Fleisch zart ist.

3 Speisestärke und Wasser glatt rühren. In das Gulasch gießen und rühren, bis die Sauce eindickt. 1 Minuten kochen. Mit Salz und Pfeffer abschmecken.

4 Das Gulasch in eine vorgewärmte Servierschüssel umfüllen, mit Petersilie garnieren und mit einem Langkorn-Wildreis-Mix servieren.

Stifado

Für 6 Personen

450 g Tomaten, gehäutet

150 ml Rinderbrühe

2 EL Olivenöl

450 g Schalotten, gehäutet

2 Knoblauchzehen, fein gehackt

700 g Rindfleisch aus der
Oberschale, in 2,5 cm große
Würfel geschnitten

1 frischer Rosmarinzweig ·

1 Lorbeerblatt

2 EL Rotweinessig

Salz und Pfeffer

450 g Kartoffeln, geviertelt

1 Tomaten und Brühe in einen Mixer geben und pürieren. Alternativ Tomaten mit einem Holzlöffel durch ein Sieb in eine Schüssel streichen und mit der Brühe verrühren.

2 Das Öl in einer Kasserolle erhitzen und Schalotten und Knoblauch 8 Minuten bei kleiner Hitze unter gelegentlichem Rühren anschwitzen. Aus der Kasserolle nehmen und auf einem Teller beiseite stellen. Das Fleisch in der Kasserolle 5–8 Minuten von allen Seiten gut anbraten.

3 Schalotten und Knoblauch wieder in die Kasserolle geben, mit Tomatensaft, Kräutern und Essig mischen, salzen und pfeffern. Bei aufgesetztem Deckel 1½ Stunden schmoren. Kartoffeln dazugeben, Deckel aufsetzen und weitere 30 Minuten schmoren. Rosmarin und Lorbeerblatt entfernen und sofort servieren.

VARIATION

Wenn das Gericht
schneller gehen soll und
Sie keine frische Rinderbrühe
zubereiten möchten, ersetzen
Sie sie durch Wasser.

51

Kartoffel-Fleisch-Topf mit Erdnüssen

Für 4 Personen

1 EL Pflanzenöl

60 g Butter

450 g mageres Rindersteak, in
   dünnen Streifen

1 Zwiebel, halbiert und in Ringen

2 Knoblauchzehen, zerdrückt

2 große fest kochende Kartoffeln,
   gewürfelt

½ TL Paprikapulver

4 EL grobe Erdnussbutter

600 ml Rinderbrühe

25 g ungesalzene Erdnüsse

2 TL helle Sojasauce

50 g Zuckererbsen

1 rote Paprika, in dünnen Streifen

Petersilienzweige, zum Garnieren
   (nach Belieben)

1 Öl und Butter in einem großen
Topf erhitzen.

2 Das Fleisch zufügen und bei
schwacher Hitze unter ständigem
Rühren 3–4 Minuten anbraten, bis
sich die Poren geschlossen haben.

3 Zwiebel und Knoblauch zufügen
und weitere 2 Minuten braten.

4 Die Kartoffeln zugeben und weitere 3–4 Minuten braten, bis sie
leicht braun zu werden beginnen.

5 Paprikapulver und Erdnussbutter
zugeben und nach und nach die
Rinderbrühe einrühren. Kurz aufkochen
und dabei rühren.

6 Erdnüsse, Sojasauce, Zuckererbsen und Paprika zufügen.

7 Deckel auflegen und bei schwacher Hitze 45 Minuten ziehen
lassen, bis das Fleisch gar ist.

8 Nach Belieben mit Petersilie
garnieren und servieren.

Schweinefilet mit Paprika

Für 4 Personen

675 g Schweinefilet

2 EL Maiskeimöl

25 g Butter

1 Zwiebel, gehackt

1 EL Paprikapulver

25 g Mehl

300 ml Hühnerbrühe oder 1 Würfel
Instant-Hühnerbrühe, aufgelöst
in 300 ml kochendem Wasser

4 EL trockener Sherry

120 g Pilze, in Scheiben geschnitten

Salz und Pfeffer

150 g saure Sahne

1 Das Filet in 4 cm große Würfel schneiden. Öl und Butter in einer Kasserolle erhitzen und das Fleisch 5 Minuten bei mittlerer Hitze von allen Seiten goldbraun anbraten. Aus der Kasserolle heben und warm stellen.

2 Die Zwiebeln dazugeben und 5 Minuten unter gelegentlichem Rühren anschwitzen. Paprikapulver und Mehl dazugeben und 2 Minuten unter Rühren anschwitzen. Nach und nach die Brühe einrühren und unter Rühren zum Kochen bringen.

3 Fleisch, Sherry und Pilze in den Topf geben. Mit Salz und Pfeffer abschmecken. Bei aufgesetztem Deckel 20 Minuten schmoren, bis das Fleisch zart ist. Die saure Sahne unterrühren und sofort servieren.

Schweineschmorbraten

Für 4 Personen

1 EL Maiskeimöl

50 g Butter

1 kg Schweinefleisch aus der Oberschale, ausgelöst und gerollt

4 Schalotten, gehackt

6 Wacholderbeeren

2 frische Thymianzweige, plus zusätz-
lichen Thymian zum Garnieren

150 ml herber Cidre

150 ml Hühnerbrühe oder Wasser

Salz und Pfeffer

8 Selleriestangen, in Scheiben
geschnitten

2 EL Mehl

150 g Crème double

Erbsen, zum Servieren

VARIATION

Anstelle des Selleries können
Sie auch 2 in feine Scheiben
geschnittene Fenchelknollen
verwenden.

---

1 Das Öl mit der Hälfte der Butter in einer Kasserolle erhitzen und das Fleisch 5–10 Minuten bei mittlerer Hitze von allen Seiten anbraten. Aus der Kasserolle nehmen und auf einem Teller warm halten.

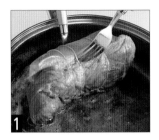

2 Die Schalotten in der Kasserolle 5 Minuten unter häufigem Rühren anbraten. Wacholderbeeren, Thymian und Fleisch samt ausgetretenem Bratensaft dazugeben. Mit Cidre und Brühe ablöschen, mit Salz und Pfeffer würzen. Bei aufgesetztem Deckel 30 Minuten schmoren. Das Fleisch wenden und den Sellerie dazugeben. Den Deckel wieder aufsetzten und weitere 40 Minuten schmoren.

3 In der Zwischenzeit für die Beurre manié Butter und Mehl in einer kleinen Schale zerdrücken. Fleisch und Sellerie auf einen Servierteller heben und warm stellen. Wacholderbeeren und Thymian entfernen. Die Beurre manié nach und nach in die Schmorflüssigkeit einrühren. 2 Minuten rühren, bis die Sauce leicht eingedickt ist, dann die Crème double unterrühren

und zum Kochen bringen. Das Fleisch in Scheiben schneiden und etwas von der Sauce darüber gießen. Mit Thymian garnieren und sofort mit dem Sellerie und frischen Erbsen servieren.

Schweine-Hotpot

Für 6 Personen

80 g Mehl

Salz und Pfeffer

1,3 kg Schweinefilet, in 0,5 cm dicke
    Scheiben geschnitten

4 EL Maiskeimöl

2 Zwiebeln, in feine Ringe geschnitten

2 Knoblauchzehen

400 g Tomatenstückchen aus der Dose

350 ml trockener Weißwein

10 zerpflückte frische Basilikumblätter

2 EL frisch gehackte Petersilie

frische Petersilienstängel, zum
    Garnieren

frisches Brot, zum Servieren

Aus der Kasserolle heben und warm
halten.

VARIATION

Die Dosentomaten
können durch 6 gehäutete
und entkernte frische
Tomaten ersetzt werden.

1 Das Mehl auf einen Teller geben,
salzen und pfeffern. Die Fleisch-
scheiben im Mehl wenden und überschüssiges Mehl abklopfen. Das Maiskeimöl in einer Kasserolle erhitzen und
das Fleisch 4–5 Minuten bei mittlerer
Hitze von beiden Seiten gut anbraten.

2 Die Zwiebeln in der Kasserolle
10 Minuten bei kleiner Hitze und
unter gelegentlichem Rühren anschwitzen. Den Knoblauch fein hacken, dazugeben und weitere 2 Minuten anschwitzen. Tomaten, Wein und Basilikum
dazugeben. Mit Salz und Pfeffer abschmecken. 3 Minuten unter häufigem
Rühren kochen.

3 Das Fleisch wieder in die Kasserolle geben und bei aufgesetztem
Deckel 1 Stunde schmoren, bis das
Fleisch zart ist. Die frisch gehackte
Petersilie dazugeben, mit Petersilien-
stängeln garnieren und sofort mit
frischem Brot servieren.

Linsen-Wurst-Topf

Für 4 Personen

1 EL Maiskeimöl

225 g würzige Würste, in Scheiben
geschnitten

120 g Frühstücksspeck, ohne Rinde,
klein gewürfelt

1 Zwiebel, gehackt

6 EL passierte Tomaten

425 ml Rinderbrühe

600 g Linsen aus der Dose, abgetropft

½ TL Paprikapulver

2 TL Rotweinessig

Salz und Pfeffer

frische Thymianzweige, zum Garnieren

1 Das Öl in einer Kasserolle erhitzen. Würste und Speck 5 Minuten bei mittlerer Hitze unter Rühren anbraten, bis der Speck knusprig wird. Auf einen Teller heben.

2 Die Zwiebeln in der Kasserolle 5 Minuten unter gelegentlichem Rühren anbraten. Passierte Tomaten, Brühe und Linsen unterrühren. Die Hitze reduzieren und bei aufgesetztem Deckel 10 Minuten köcheln.

VARIATION

Die Linsen können durch andere Hülsenfrüchte ersetzt werden. Anstelle der Würste kann geräucherte Makrele verwendet werden.

3 Würste und Speck wieder in die Kasserolle geben, Paprika und Rotwein einrühren und mit Salz und Pfeffer abschmecken. Die Mischung für einige Minuten gut erhitzen, mit frischem Thymian garnieren und sofort servieren.

Baskisches Bohnen-Schweinefleisch

Für 4 Personen

200 g getrocknete Cannellini-Bohnen,
über Nacht in kaltes Wasser
eingeweicht

2 EL Olivenöl

600 g Eisbein, ausgelöst, in 5 cm
große Stücke geschnitten

1 große Zwiebel, in Ringe geschnitten

3 große Knoblauchzehen, zerdrückt

400 g Tomatenstückchen aus der Dose

2 grüne Paprika, entkernt und in
Streifen geschnitten

fein geriebene Schale von 1 großen
Orange

Salz und Pfeffer

frische fein gehackte Petersilie, zum
Garnieren

1 Den Ofen auf 180 °C vorheizen.
Die Bohnen abtropfen, in einen
großen Topf geben und mit Wasser
bedecken. Zum Kochen bringen und
weitere 10 Minuten kochen. Die Hitze
reduzieren und weitere 20 Minuten
köcheln. Bohnen abgießen und abtropfen lassen.

2 So viel Olivenöl in einer Kasserolle
erhitzen, dass der Boden gerade
bedeckt ist. Das Schweinefleisch darin
bei mittlerer Hitze portionsweise von
allen Seiten goldbraun anbraten und
wieder aus der Pfanne nehmen.

3 Falls nötig, noch etwas Öl dazu-
gießen. Zwiebeln in der Kasserolle
3 Minuten bei kleiner Hitze anschwitzen. Den Knoblauch dazugeben und
weitere 2 Minuten anschwitzen. Das
Fleisch wieder in die Kasserolle geben.

4 Die Tomaten dazugeben und zum
Kochen bringen. Die Hitze reduzieren, Paprikastreifen, Orangenschale
und Bohnen dazugeben. Mit Salz und
Pfeffer abschmecken. Bei aufgesetztem
Deckel 45 Minuten im Ofen schmoren,
bis die Bohnen und das Fleisch zart
sind. Mit Petersilie garnieren und sofort
servieren.

VARIATION

Mit gebratenen Chorizo-Würsten
wird das Gericht noch pikanter. Übrig
gebliebene Bohnen können für eine
Pastasauce verwendet werden.

Gebackene Meeresfrüchte

Für 4 Personen

600 g neue Kartoffeln

3 rote Zwiebeln, in Spalten

2 Zucchini, in Scheiben

8 Knoblauchzehen, geschält

2 Zitronen, in Spalten

4 frische Rosmarinzweige

4 EL Olivenöl

Salz und Pfeffer

350 g Riesengarnelen, mit Schale,
vorzugsweise ungekocht

2 kleine Kalmare, in Ringen

4 Tomaten, geviertelt

VARIATION

Das Gericht kann auch mit
450 g verschiedener Kürbisarten
oder Auberginen zubereitet
werden.

1 Die Kartoffeln waschen, große Exemplare halbieren und mit Zwiebeln, Zucchini, Knoblauch, Zitronen und Rosmarin in einen flachen Bräter geben.

2 Mit Öl beträufeln und gut vermengen, damit das Gemüse rundum von Öl bedeckt ist. Abschmecken und unter gelegentlichem Wenden etwa 40 Minuten bei 200 °C im vorgeheizten Backofen backen, bis die Kartoffeln weich sind.

3 Dann Garnelen, Kalmare und Tomaten zugeben, mit Gemüse und Öl vermengen und weitere 10 Minuten backen, bis das Gemüse leicht angeröstet ist und die Garnelen sich rosa verfärben.

4 Das fertige Gericht auf Teller verteilen und heiß servieren.

Meeresfrüchtereis

Für 4 Personen

225 g Basmatireis

2 EL Ghee oder Pflanzenöl

1 Zwiebel, gehackt

1 Knoblauchzehe, zerdrückt

1 TL Kreuzkümmelsamen

$\frac{1}{2}$–1 TL Chilipulver

4 Gewürznelken

1 Zimtstange

2 TL Currypaste

225 g Krabben, geschält

500 g weißes Fischfilet, z. B.
Kabeljau oder Schellfisch, in
mundgerechte Stücke geschnitten

Salz und Pfeffer

600 ml kochendes Wasser

60 g Erbsen

60 g Mais aus der Dose, abgetropft

2 EL Limettensaft

2 EL Kokosraspel

GARNIERUNG

Korianderzweige

Limettenspalten

1 Den Reis in einem Sieb gründlich unter fließend kaltem Wasser abspülen. Gut abtropfen lassen.

2 Ghee oder Öl in einer Pfanne erhitzen und Zwiebel, Knoblauch, Gewürze und Currypaste 1 Minute leicht anbraten.

3 Den Reis zufügen und gut vermengen. Krabben und Fisch zugeben, mit Salz und Pfeffer abschmecken. Das kochende Wasser zugießen.

4 Abdecken und 10 Minuten köcheln. Erbsen und Mais zufügen, abdecken und weitere 8 Minuten kochen. Vom Herd nehmen und 10 Minuten abkühlen lassen. Nelken und Zimtstange entfernen.

5 Den Reis mit einer Gabel auflockern und in eine Servierschüssel geben.

6 Mit Limettensaft beträufeln und mit Kokosraspeln bestreuen. Mit Korianderzweigen und Limettenspalten garniert servieren.

Kabeljau indisch

Für 4 Personen

3 EL Pflanzenöl

4 Kabeljaufilets, ca. 2,5 cm dick

Salz und Pfeffer

1 Zwiebel, fein gehackt

2 Knoblauchzehen, zerdrückt

1 rote Paprika, entkernt und fein
gewürfelt

1 TL gemahlener Koriander

1 TL gemahlener Kreuzkümmel

1 TL gemahlene Kurkuma

½ TL Garam Masala

400 g Tomaten aus der Dose,
gehäutet und zerkleinert

150 ml Kokosmilch

1–2 EL frisch gehackter Koriander
oder frisch gehackte Petersilie

1 Das Öl in einer Pfanne erhitzen, den Fisch darin von beiden Seiten anbräunen, aber nicht durchgaren. Mit Salz und Pfeffer abschmecken. Aus der Pfanne nehmen und beiseite stellen.

2 Zwiebel, Knoblauch, Paprika und Gewürze in die Pfanne geben und unter Rühren 2 Minuten anbraten. Die Tomaten zufügen, aufkochen und 5 Minuten köcheln lassen.

3 Den Fisch zum Gemüse in die Pfanne geben und ca. 8 Minuten köcheln lassen, bis er gar ist.

4 Den Fisch wieder aus der Pfanne nehmen und warm halten. Kokosmilch und Koriander oder Petersilie in die Pfanne geben und langsam erhitzen.

5 Die Kabeljaufilets mit der Sauce übergießen und sofort servieren.

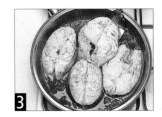

Vermicelli-Torte mit Champignons

Für 4 Personen

250 g Vermicelli oder Spaghetti

1 EL Olivenöl

60 g Butter

Salz und Pfeffer

1 Zwiebel, gehackt

150 g kleine Champignons, geputzt

1 grüne Paprika, entkernt und in
   dünnen Ringen

150 ml Milch

3 Eier, leicht verquirlt

2 EL Schlagsahne

1 TL getrockneter Oregano

1 Prise frisch geriebene Muskatnuss

Salz und Pfeffer

1 EL frisch geriebener Parmesan

Tomaten-Basilikum-Salat, zum
   Servieren (nach Belieben)

1 Eine Springform (20 cm Ø) großzügig einfetten.

2 Salzwasser in einem großen Topf zum Kochen bringen. Die Nudeln darin mit dem Olivenöl bissfest kochen. Abtropfen lassen, zurück in den Topf geben, 2 Esslöffel Butter zufügen und sorgfältig mischen. Mit Salz und Pfeffer abschmecken.

3 Die Nudeln auf Boden und an den Wänden der Form verteilen.

4 Die Butter in einer Pfanne zerlassen, Zwiebel darin glasig dünsten, herausnehmen und über den Nudeln verteilen.

5 Champignons und Paprika in die Pfanne geben, gleichmäßig im

Fett wenden und 2 Minuten von allen Seiten anbraten. Dann ebenfalls in die Form geben und gleichmäßig andrücken.

6 Milch, Eier und Sahne verrühren, Oregano zufügen und mit Muskat, Salz und Pfeffer abschmecken. Die Mischung über das Gemüse geben und mit Parmesan bestreuen.

7 Die Nudeltorte im vorgeheizten Backofen bei 180 °C 40–45 Minuten backen, bis sie fest ist.

8 Auf einen Servierteller geben und warm mit Tomaten-Basilikum-Salat servieren.

Italienische Fischsuppe

Für 4 Personen

2 EL Olivenöl

2 rote Zwiebeln, fein gehackt

1 Knoblauchzehe, zerdrückt

2 Zucchini, in Scheiben geschnitten

400 g Tomaten aus der Dose, gehackt

850 ml Fisch- oder Gemüsefond

100 g Farfalle oder Fusilli

350 g fester weißer Fisch, z. B. Kabeljau, Heilbutt oder Meerhecht

1 EL frisch gehacktes Basilikum oder Oregano oder 1 TL getrockneter Oregano

1 TL frisch geriebene Zitronenschale

1 EL Speisestärke

1 EL Wasser

Salz und Pfeffer

Basilikum oder Oregano, zum Garnieren

1 Das Öl in einer Pfanne erhitzen, Zwiebeln und Knoblauch zugeben und 5 Minuten glasig dünsten. Zucchini zugeben und weitere 2–3 Minuten dünsten, dabei gelegentlich umrühren.

2 Tomaten und Fond zugießen und aufkochen. Die Nudeln zugeben, die Hitze reduzieren und 5 Minuten köcheln.

3 Den Fisch ausnehmen, häuten und in Stücke schneiden. Fisch, Basilikum bzw. Oregano und Zitronenschale zugeben und 5 Minuten köcheln, bis der Fisch zart ist – nicht zu lange kochen, damit er nicht zerfällt.

4 Die Speisestärke mit dem Wasser verrühren und in die Suppe geben, unter Rühren 2 Minuten köcheln, bis die Suppe eingedickt ist. Mit Salz und Pfeffer abschmecken.

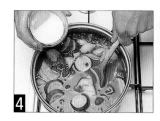

5 Auf vorgewärmte Teller füllen, mit Basilikum oder Oregano garnieren und sofort servieren.

Risi e bisi

Für 4 Personen

1 EL Olivenöl

4 EL Butter

55 g Pancetta, gehackt

1 kleine Zwiebel, gehackt

1,4 l heiße Hühnerbrühe

200 g Arborioreis (Rundkornreis)

Pfeffer

3 EL frisch gehackte Petersilie

225 g Erbsen aus der Dose oder

    tiefgefrorene Erbsen

55 g frisch geriebener Parmesan

1 Das Öl und die Hälfte der Butter in einem Topf erhitzen. Pancetta und Zwiebel zufügen und 5 Minuten anbraten.

2 Die Brühe in den Topf geben und aufkochen. Den Reis unterrühren, mit Pfeffer abschmecken und unter gelegentlichem Rühren etwa 20–30 Minuten gar köcheln.

3 Petersilie und tiefgefrorene Erbsen oder Erbsen aus der Dose zufügen und 8 Minuten garen, bis die Erbsen vollständig erhitzt sind.

4 Restliche Butter und Parmesan unterrühren. Das Gericht mit frisch gemahlenem schwarzem Pfeffer sofort servieren.

Risotto alla milanese

Für 4 Personen

2 Msp. Safranpulver oder einige
　Safranfäden
3–4 EL Wasser
90 g Butter
1 große Zwiebel, fein gehackt
1–2 Knoblauchzehen, zerdrückt
350 g Arborioreis (Rundkornreis)
150 ml trockener Weißwein
1,2 l heiße Gemüsebrühe
90 g frisch geriebener Parmesan
Salz und Pfeffer

1 Safran in eine kleine Schüssel geben, 3–4 Esslöffel fast kochendes Wasser zugeben und gründlich einweichen.

2 60 g Butter in einem Topf bei schwacher Hitze zerlassen. Zwiebel und Knoblauch darin weich dünsten, aber nicht bräunen. Reis zugeben und unter Rühren 2–3 Minuten mitdünsten.

3 Wein zugießen und unter gelegentlichem Rühren köcheln lassen, bis er ganz aufgesogen ist.

4 Nun einen kleinen Schöpflöffel (ca. 150 ml) heiße Brühe zugeben. Unter Rühren köcheln lassen, bis sie ganz aufgesogen ist, dann nach und nach die restliche Brühe zugeben.

5 Wenn alle Brühe verbraucht ist (nach etwa 20 Minuten), sollte der Reis gar, aber nicht zu weich oder wässerig sein. Safranflüssigkeit, Parmesan und übrige Butter untermengen. Mit Salz und Pfeffer abschmecken, 2 Minuten erhitzen.

6 Deckel auflegen, den Topf vom Herd nehmen und noch 5 Minuten ruhen lassen. Einmal gut durchrühren und sofort servieren.

Risotto Parma

Für 4 Personen

1 EL Olivenöl

1 EL Butter

1 große Zwiebel, fein gehackt

350 g Arborioreis (Rundkornreis)

1 Msp. Safran oder einige Safranfäden

150 ml Weißwein

850 ml heiße Gemüsebrühe

8 getrocknete Tomaten, in Streifen
   geschnitten

50 g Parmaschinken, in Streifen

100 g Erbsen

75 g frisch geriebener Parmesan,
   plus etwas mehr zum Servieren

1 Öl und Butter in einer großen Pfanne erhitzen.

2 Die Zwiebel darin 4–5 Minuten anbraten, bis sie weich ist. Reis und Safran zugeben.

3 So lange verrühren, bis der gesamte Reis mit Öl überzogen ist.

4 Nach und nach den Wein und die Brühe zugießen. Jedesmal so lange warten, bis die Flüssigkeit vom Reis aufgesogen ist, bevor weitere zugegeben wird.

5 Wenn die Hälfte der Flüssigkeit verbraucht ist, Tomaten zufügen. Nach etwa 15 Minuten sollte die gesamte Flüssigkeit aufgesogen sein. Zuletzt Schinken, Erbsen und Käse unterrühren und mit dem Reis noch weitere 2–3 Minuten kochen, bis alle Zutaten erwärmt sind.

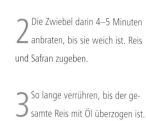

6 Den Risotto mit zusätzlichem Parmesan bestreut servieren.

Grüner Risotto

Für 4 Personen

1 Zwiebel, gehackt

2 EL Olivenöl

250 g Arborioreis (Rundkornreis)

700 ml heiße Gemüsebrühe

350 g grünes Gemüse, z. B. grüner
  Spargel, grüne Bohnen,
  Zuckererbsen, Zucchini,
  Brokkoliröschen und Erbsen

2 EL frisch gehackte Petersilie

Salz und Pfeffer

60 g frisch gehobelter Parmesan

TIPP

Der Risotto erhält noch mehr
Biss, wenn Sie geröstete Pinien-
kerne oder grob gehackte
Cashewkerne gegen Ende der
Garzeit zufügen.

1 Zwiebel und Öl in einer Schüssel abgedeckt 2 Minuten auf höchster Stufe in der Mikrowelle garen.

2 Reis zufügen und sorgfältig unterrühren. 75 ml Brühe zugeben und 2 Minuten ohne Deckel garen, bis die Flüssigkeit absorbiert ist. Diesen Vorgang (75 ml Brühe zugießen und 2 Minuten garen) 2-mal wiederholen.

3 Das Gemüse in gleich große Stücke schneiden oder hacken, mit der restlichen Brühe zum Reis geben, abdecken und 8 Minuten auf höchster Stufe in der Mikrowelle garen. Dabei gelegentlich umrühren, bis ein Großteil der Flüssigkeit aufgenommen und der Reis gerade gar ist.

4 Die Petersilie unterrühren, mit Salz und Pfeffer abschmecken und abgedeckt mindestens 5 Minuten ruhen lassen. Der Risotto sollte jetzt zart und cremig sein.

5 Den Parmesan über den Risotto streuen und sofort servieren.

Kartoffel-Blumenkohl-Curry

Für 4 Personen

150 ml Öl

1/2 TL Kreuzkümmelsamen

4 getrocknete rote Chillies

2 Zwiebeln, in Ringen

1 TL Chilipulver

1 TL frisch geriebener Ingwer

2 Knoblauchzehen, zerdrückt

1 TL Salz

1 Prise gemahlene Kurkuma

700 g Kartoffeln, geschält und in
   Scheiben geschnitten

1/2 Blumenkohl, in kleinen Röschen

2 grüne Chillies, nach Belieben

1 EL frisch gehackter Koriander

150 ml Wasser

TIPP

Vorsicht beim Schneiden von
Chillies! Am besten Gummihand-
schuhe anziehen, denn der Saft
und die Samen der Chilischote
sind brennend scharf. Danach die
Hände waschen und weder
Gesicht noch Augen berühren.

1 Das Öl in einer großen Pfanne erhitzen. Kreuzkümmel und Chillies in die Pfanne geben und kurz anbraten.

2 Die Zwiebelringe in die Pfanne geben und bei mittlerer Hitze unter gelegentlichem Rühren 5–8 Minuten goldbraun braten.

3 Chilipulver, Ingwer, Knoblauch, Salz und Kurkuma in einer separaten Schüssel verrühren, in die Pfanne geben und alles 2 Minuten pfannenrühren.

4 Kartoffelscheiben und Blumenkohlröschen zur Gewürz-Zwiebel-Mischung geben. Alles gut verrühren. Hitze reduzieren und nach Belieben die grünen Chillies zugeben. Koriander und Wasser in die Pfanne einrühren. Das Curry mit einem Deckel abdecken und 10–15 Minuten köcheln lassen, bis das Gemüse weich ist.

5 Das Curry auf vorgewärmte Teller verteilen und sofort servieren.

Paprika-Tomaten-Curry

Für 4 Personen

2 EL Öl

1 TL Senfkörner

1 TL Schwarzkümmel

$^{1}/_{2}$ TL Kreuzkümmelsamen

3–4 Curryblätter, gehackt

500 g Zwiebeln, fein gehackt

3 Tomaten, gehackt

$^{1}/_{2}$ rote Paprika, in Streifen

$^{1}/_{2}$ grüne Paprika, in Streifen

1 TL frisch geriebener Ingwer

1 große Knoblauchzehe, zerdrückt

1 TL Chilipulver

$^{1}/_{2}$ TL gemahlene Kurkuma

1 TL Salz

$^{1}/_{2}$ l Wasser

2 Kartoffeln, geschält und gewürfelt

$^{1}/_{2}$ Blumenkohl, in kleine Röschen zerteilt

4 Karotten, geschält und in Scheiben geschnitten

3 grüne Chillies, gehackt

1 EL frisch gehackter Koriander

1 EL Zitronensaft

1 Das Öl in einem Topf erhitzen. Senfkörner, Schwarzkümmel, Kreuzkümmel und Curryblätter zugeben und kurz anbraten, bis die Gewürze sich dunkel verfärben.

2 Die Zwiebeln zufügen und bei mittlerer Hitze goldbraun braten.

3 Tomaten und Paprika zugeben und 5 Minuten pfannenrühren.

4 Ingwer, Knoblauch, Chilipulver, Kurkuma und Salz zugeben und gut verrühren.

5 300 ml Wasser aufgießen und abgedeckt 10–12 Minuten köcheln lassen.

6 Kartoffeln, Blumenkohl, Karotten, Chillies und Koriander zugeben und alles 5 Minuten unter Rühren anbraten.

7 Restliches Wasser bei Bedarf sowie Zitronensaft zugeben und verrühren. Abgedeckt etwa 15 Minuten köcheln lassen, dabei gelegentlich umrühren.

8 Das Curry auf vorgewärmte Teller verteilen und sofort servieren.

Kirchererbsen-Curry

Für 4 Personen

6 EL Pflanzenöl

2 Zwiebeln, in Scheiben geschnitten

1 TL fein gehackte Ingwerwurzel

1 TL gemahlener Kreuzkümmel

frisch gezupfter Koriander

1 TL zerdrückter Knoblauch

1 TL Chilipulver

2 grüne Chillies

1 EL frisch gehackter Koriander

150 ml Wasser

300 g Kartoffeln

400 g Kichererbsen aus der Dose,
    abgetropft

1 EL Zitronensaft

4 Wasser zu der Mischung in den Topf geben und gut verrühren.

5 Mit einem scharfen Messer die Kartoffeln in kleine Würfel schneiden. Kartoffeln und Kichererbsen zu der Mischung in den Topf geben. Die Hitze reduzieren, abdecken und unter gelegentlichem Rühren 5–7 Minuten köcheln lassen.

6 Zitronensaft darüber geben und verrühren.

7 Kichererbsen-Curry in vorgewärmte Servierschalen geben und sofort servieren.

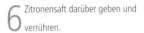

1 Das Öl in einem großen Topf erhitzen.

2 Zwiebeln dazugeben und bei mittlerer Hitze unter gelegentlichem Rühren 5–8 Minuten goldbraun dünsten.

3 Hitze reduzieren, Ingwer, Kreuzkümmel, Koriander, Knoblauch, Chilipulver, Chillies und Koriander in den Topf geben und 2 Minuten pfannenrühren.

Kartoffel-Gemüse-Curry

Für 4 Personen

4 EL Pflanzenöl

675 g fest kochende Kartoffeln,
   grob gewürfelt

2 Zwiebeln, geviertelt

3 Knoblauchzehen, zerdrückt

1 TL Garam Masala

½ TL gemahlene Kurkuma

½ TL gemahlener Kreuzkümmel

½ TL gemahlener Koriander

2,5-cm-Stück Ingwerwurzel,
   gerieben

1 rote Chili, entkernt und gehackt

4 Tomaten, gehäutet und geviertelt

225 g Blumenkohl, in Röschen

75 g Erbsen, Tiefkühlware aufgetaut

2 EL frisch gehackter Koriander

300 ml Gemüsebrühe

frisch gezupfter Koriander, zum
   Garnieren

Reis oder Fladenbrot, zum Servieren

TIPP

Verwenden Sie für dieses Curry
eine große gusseiserne Pfanne,
damit die Kartoffeln gut durch-
gebraten werden.

1 Das Öl in einer Pfanne erhitzen, Kartoffeln, Zwiebeln und Knoblauch zufügen und bei schwacher Hitze unter ständigem Rühren 2–3 Minuten andünsten.

2 Garam Masala, Kurkuma, Kreuzkümmel, Koriander, Ingwer und Chili zufügen. Die Gewürze gut mit dem Gemüse vermischen und bei geringer Hitze noch 1 weitere Minute unter Rühren dünsten.

3 Tomaten, Blumenkohl, Erbsen, Koriander und Brühe zu der Gewürz-Gemüse-Mischung in die Pfanne geben und sorgfältig einrühren, sodass alles gut vermischt ist.

4 Das Curry bei schwacher Hitze 30–40 Minuten köcheln lassen, bis die Kartoffeln gar sind.

5 Das fertige Gericht mit frischem Koriander bestreuen und mit weißem Reis oder warmem Fladenbrot servieren.

REZEPTVERZEICHNIS

Copyright © 2004 für die deutsche Ausgabe

Parragon
Queen Street House
4 Queen Street
Bath BA1 1HE, UK

Satz: KONTUR Medienteam, Köln
Koordination: Antje Seidel, Köln

ISBN 1-40543-393-0

Printed in China

HINWEIS

Sind Zutaten in Löffelmengen angegeben, ist immer ein gestrichener Löffel
gemeint. Ein Teelöffel entspricht 5 ml, ein Esslöffel 15 ml. Sofern nichts
anderes angegeben ist, wird Vollmilch (3,5 % Fett) verwendet. Bei Eiern und
einzelnen Gemüsesorten, z. B. Kartoffeln, verwenden Sie mittelgroße
Exemplare. Pfeffer sollte stets frisch gemahlen sein. Sofern die Schale von
Zitrusfrüchten benötigt wird, verwenden Sie unbedingt unbehandelte Früchte.

Kinder, ältere Menschen, Schwangere, Kranke und Rekonvaleszenten
sollten auf Gerichte mit rohen oder nur leicht gegarten Eiern verzichten.